12 Avril 1913

VENTE

Du Samedi 12 Avril 1913

HOTEL DROUOT, SALLE N° 11

A DEUX HEURES

Faïences et Porcelaines

ANCIENNES ET MODERNES

BRONZES, OBJETS DE VITRINE

MEUBLES ET SIÈGES

DE STYLE

COMMISSAIRE-PRISEUR

Mᵉ F. LAIR-DUBREUIL

EXPERTS

MM. PAULME & B. LASQUIN Fils

CATALOGUE

DES

FAIENCES ET PORCELAINES

ANCIENNES ET MODERNES

DE

Chine, Delft, Japon, Locré, Marseille, Moustiers, Nevers, Niederwillers
Paris, Rouen, Saxe, Sèvres, Strasbourg, Tournay, Vienne

OBJETS DE VITRINE

Éventails, Miniatures, Boîtes, Laques, etc.

BRONZES, OBJETS VARIÉS

MEUBLES & SIÈGES

DE STYLE ET ANCIENS

Commodes, Chiffonnier, Coiffeuse, Bureau, Meubles d'entre-deux, etc.
Sièges divers

ARMOIRES ET BUFFET NORMANDS

DONT LA VENTE AUX ENCHÈRES PUBLIQUES AURA LIEU

HOTEL DROUOT, SALLE N° II

LE SAMEDI 12 AVRIL 1913

à deux heures

Mᶜ F. LAIR-DUBREUIL	MM. PAULME & B. LASQUIN Fils
COMMISSAIRE-PRISEUR	EXPERTS
6, rue Favart	10, rue Chauchat | 11, rue Grange-Batelière

EXPOSITION PUBLIQUE

Le Vendredi 11 Avril 1913, de 1 heure 1/2 à 6 heures

CONDITIONS DE LA VENTE

Elle sera faite au comptant.

Les adjudicataires paieront *dix pour cent* en sus des enchères.

Paris. — Imp. de l'Art, Ch. Berger, 41, rue de la Victoire.

DÉSIGNATION

FAIENCES ET PORCELAINES

1 — Pot ovoïde, décoré en bleu ; cachepot, décoré de fleurs. Deux pièces en faïence.

2 — Boîte en faïence, décor bleu. — Boîte en porcelaine, à décor de personnages, monture en argent doré. — Deux petits vases en porcelaine genre Sèvres, monture en argent doré.

3 — Jardinière en porcelaine de Chine. — Inro en laque du Japon.

4 — Saucière en ancienne porcelaine de la Compagnie des Indes, décor de fleurs.

5 — Deux petites potiches couvertes en ancienne porcelaine de Chine, décorées, en émaux de couleurs de la famille rose, d'arbustes fleuris, rochers et coq faisan ; bordure fond rose à la base et à l'épaulement.

6 — Trois très petites potiches couvertes en ancienne porcelaine de Chine, décorées en émaux de couleurs d'arbustes fleuris et oiseaux, dont une avec coqs.

7 — Deux magots et statuette de dieu en ancienne porcelaine de Chine, décorés en émaux de couleurs, et une statuette de Kouaning en ancien blanc de Chine.

8 — Deux assiettes en ancienne porcelaine de Chine, à décor de fleurs en émaux de couleurs.

9 — Deux compotiers ronds en ancienne porcelaine de Chine, à décor de branche de pivoine en émaux de couleurs.

10 — Deux tasses et leurs soucoupes en ancienne porcelaine mince de Chine, décorées en émaux de couleurs de fleurs et coqs.

11 — Tasse et deux soucoupes en ancienne porcelaine de Chine, à décor familier, et deux bols fond capucin à réserves de fleurs et émaux de couleurs.

12 — Grande verseuse, une chope, deux grandes soucoupes, deux cendriers et deux tasses et

soucoupes en ancienne porcelaine de la Compagnie des Indes, à décors variés en couleurs.

13 — Une théière, un bol et soucoupe, un flacon à thé et deux tasses et leurs soucoupes en ancienne porcelaine du Japon, décors variés en couleurs.

14 — Paire de potiches couvertes en porcelaine de Chine, à décor de petits feuillages en bleu.

15 — Statuette de Bouddha en céladon de Chine émaillé aux trois couleurs.

16 — Douze assiettes en ancienne porcelaine de la Compagnie des Indes, à décor de fleurs et bambous en couleurs.

17 — Potiche en céladon vert de la Chine, à décor de feuillages et fleurs ou couvert et monture en bronze doré, de style Louis XVI.

18 — Vase à col évasé en porcelaine de Chine rouge haricot et une coupe en céladon gris clair.

19 — Assiette en ancienne faïence de Delft, décor polychrome, à quatre réserves, cœurs et rosace centrale, sur fond vert.

20 — Flacon à thé et un petit pichet en faïence de Delft, décor polychrome à fleurs et oiseaux. Couvercles en étain.

21 — Porte-fleurs en faïence de Delft, en forme d'éventail, à décor de paysage et fleurs en bleu.

22 — Deux encriers et un beurrier couvert en faïence, décors polychromes.

23 — Deux plaques de revêtement en faïence émaillée, décorées en bleu de paysages avec personnage.

24 — Trois assiettes en ancienne faïence de Delft, décor bleu avec corbeille de fruits et fleurs au centre.

25 — Deux potiches en faïence genre Delft, décor analogue en polychrome, de style chinois, à quatre compartiments, à paysages avec pagodes et branchages fleuris, lambrequins à l'épaulement.

26 — Sept petites assiettes ou soucoupes en faïence de Delft, dont cinq à décor bleu à l'éventail et lion, et deux à décor polychrome à fleurs.

27 — Deux assiettes en faïence de Delft, décor dit aux cœurs sur fond jaune et vert.

28 — Compotier octogonal et trois assiettes en faïence de Delft, décor polychrome à fleurs, et une assiette creuse en faïence de Bruxelles, décorée d'un cavalier en couleurs et bord jaune.

29 — Deux grands bols en faïence genre Delft, décor polychrome à réserves de fleurs.

30 — Une potiche et deux cornets en ancienne faïence de Delft, décors variés en bleu.

31 — Deux vaches en faïence hollandaise émaillée blanc, et un plat à barbe, décor polychrome.

32 — Garniture de cinq pièces, comprenant trois potiches et deux cornets, en ancienne faïence de Delft, décor bleu : paysages avec chien en réserve, encadrement de fleurs et rinceaux en relief.

33 — Potiche, forme balustre, avec couvercle,
en ancienne faïence de Delft, décorée en bleu
de deux réserves : paysage et groupe galant.

34 — Deux potiches, dont une de forme octogonale, en ancienne faïence de Delft, décor bleu
à quatre réserves de fleurs.

35 — Potiche, de forme ovoïde, avec couvercle,
en faïence de Delft, décor bleu à fleurs,
oiseaux et insectes.

36 — Deux figurines de Renommée et de cavalier,
un chat et deux petits lapins en faïence hollandaise, à décor polychrome.

37 — Trois potiches couvertes, forme balustre,
en ancienne faïence de Delft, décor bleu à
réserve des paysage, avec encadrement
en relief.

38 — Deux plats en ancienne faïence de Delft,
décor polychrome à fleurs, l'un avec vase et
corbeille au centre et réserve au marli.

39 — Deux plats en ancienne faïence de Delft, à
décor bleu : fleurs et oiseaux.

40 — Deux petites potiches couvertes en ancienne faïence de Delft, décors variés polychromes à fleurs et oiseaux.

41 — Deux petites potiches, un petit vase-cornet
et deux bouteilles en faïence de Delft, décor
bleu à fleurs et paysage.

42 — Garniture de quatre petites pièces : deux
potiches couvertes et deux cornets en faïence
de Delft, décor bleu à réserve de fleurs à
fond pointillé.

43 — Deux vases-cornets en ancienne faïence de
Delft, décor en bleu, compartiments de
fleurs, roseaux et oiseaux.

44 — Deux plats en ancienne faïence de Delft,
décor polychrome : branchages, fleurs et
oiseaux.

45 — Deux plats en faïence de Delft, décor polychrome, l'un à fleur et le second avec figure et habitation.

46 — Plat en ancienne faïence de Delft, à décor
polychrome, à corbeille fleurie au centre et
six réserves en marli sur fond à carrelage.

47 — Deux assiettes, dont une en ancienne
faïence de Marseille, décor de bouquets de
fleurs en couleurs.

48 — Plateau à piédouche en ancienne faïence
italienne, décor polychrome : arabesque et
buste de l'empereur Tiberio, et une écuelle
en ancienne faïence hispano-mauresque.

49 — Groupe de deux enfants en faïence décorée.

5o — Trois tasses et cinq soucoupes en ancienne
porcelaine de Locré, décor de bouquets de
fleurs.

5i — Deux petits vases en porcelaine de Naudot,
camaïeu rose. Groupe figurant un enlève-
vement en biscuit de Naples.

52 — Deux assiettes en ancienne faïence de Nevers, à décor de fleurs en émail ocre et blanc
sur fond bleu.

53 — Quatre assiettes à bord festonné en ancienne faïence de Strasbourg, à décor de
Chinois en couleurs ; bordure à hachures
roses.

54 — Deux plats longs et quatre assiettes en ancienne faïence de Strasbourg et Marseille,
décor de bouquets de fleurs en couleurs.

55 — Grand plat ovale, de forme contournée, à
rocailles en relief, et une coupe, forme co-
quille, en ancienne faïence de Niederwiller,
à décor de bouquets de fleurs en couleurs.

56 — Cafetière couverte en ancienne porcelaine
de Paris, décor de fleurs ; tasse et présentoir
de même porcelaine, décor en dorure, Empire ; assiette en porcelaine tendre décorée.
Ensemble trois pièces.

57 — Soupière ronde couverte avec porte-plat
en faïence de Rouen, à décor chinois en polychrome.

58 — Porte-huilier, de forme octogonale, en
ancienne faïence de Rouen, décor polychrome à carquois, fleurs et insectes, anses à
masques de femme.

59 — Soupière ronde avec couvercle en ancienne
faïence de Rouen, décor de fleurs, double
corne et oiseaux en couleurs.

60 — Plat rond en ancienne faïence de Rouen,
décor polychrome à la double corne.

61 — Compotier, de forme contournée, à bord
festonné, en ancienne faïence de Rouen,
décor chinois au mandarin en couleurs.

62 — Un plat long, une assiette et un compotier, à bord contourné, en ancienne faïence
de Rouen, décor polychrome à la corne.

63 — Deux assiettes, deux compotiers et une
saucière, à bord contourné, en ancienne
faïence de Rouen, décors variés en polychrome : fleurs, oiseaux et insectes.

64 — Saladier en ancienne faïence de Rouen,
décor polychrome à la corne.

65 — Plat à barbe et plat long en ancienne
faïence de Rouen, décor polychrome à la
Hotte d'œillets, oiseaux, insectes et fleurs.

66 — Bannette, de forme octogonale et contournée, à deux anses, en ancienne faïence de
Rouen, décor polychrome : carquois au centre et bordure à lambrequin feuillagé à fond
cannelé rouge.

67 — Deux bouquetières, faisant pendants, et
une jardinière en ancienne faïence de Rouen,
décor polychrome à feston de fleurs et lambrequins.

68 — Trois pichets en ancienne faïence de
Rouen, l'un décoré à la corne, les autres de
fleurs en couleurs.

69 — Bassin de fontaine et un grand pichet en faïence française, décors polychromes : fleurs au bassin et baptême du Christ sur le pichet, avec l'inscription : *Baptiste Pelletier, 1815.*

70 — Grand plat rond et creux en ancienne faïence de Rouen, décor polychrome à la double corne.

71 — Fontaine et son bassin en faïence de Rouen, décor polychrome à vase de fleurs ; support en bois.

72 — Grand plat rond en ancienne faïence de Rouen, décor polychrome dit à la pagode, marli à carrelages verts et réserves de fleurs.

73 — Grand plat rond et creux, à bord contourné, en ancienne faïence de Rouen, décor bleu à corbeille de fleurs au centre, lambrequin et festons de fleurs au marli.

74 — Six couteaux, à manches de porcelaine de Saxe : fleurs. Dans un écrin.

75 — Tasse et soucoupe à pâte gaufrée en ancienne porcelaine de Saxe, décor de fleurettes,

76 — Deux statuettes en ancien biscuit tendre de
Sèvres : Jeune fille à la guirlande de fleurs :
Jeune garçon vendangeur.

77 — Sucrier sans couvercle en ancienne porcelaine tendre de Sèvres : guirlandes de fleurs
et nœuds de ruban.

78 — Deux soucoupes en ancienne porcelaine
tendre de Sèvres-Vincennes : fleurs et double
filet bleu.

79 — Écritoire et écuelle à deux anses et couvercle en ancienne faïence de Strasbourg,
décor de fleurs et Chinois en couleurs.

80 — Une boîte, un vase coupé, un pot à lait
couvert et deux petites buires en faïences di-
verses.

81 — Soupière ovale avec son couvercle et son
plat en faïence anglaise, décor de fleurette en
camaïeu gris.

82 — Soupière, de forme contournée, avec son
couvercle et son plat en ancienne faïence de
Saint-Amand, décor de fleurs en manga-
nèse.

83 — Grande assiette en faïence du nord de la France, décor en couleur représentant N. D. de Kevelaar.

84 — Deux assiettes en ancienne faïence de Moustiers, une à décor fin, avec médaillon central à figure de femme, marli à festons de fleurs en couleurs. Marque de *Joseph Olery*, la seconde avec quatre pommes en relief.

85 — Assiette plate, à bord contourné, en ancienne porcelaine tendre de Tournay, à marli gaufré et bord doré, décorée au centre d'un couple galant dans un paysage en camaïeu rose.

86 — Important groupe en ancienne porcelaine tendre et blanche de Tournay, représentant deux figures d'homme et femme, nus, drapés, assis sur un rocher et accoudés chacun sur un vase d'où s'échappe de l'eau.

87 — Tasse et soucoupe en ancienne porcelaine de Vienne, décor de bustes avec coiffures.

88 — Petite corbeille ajourée, simulant la vannerie et bordée de fleurs, en porcelaine blanche.

89 — Cafetière en ancienne porcelaine de Vienne: fleurs.

OBJETS DE VITRINE

90 — Deux flacons de toilette, avec bouchons en
argent. — Carafon en cristal, monture argent.
— Deux petits flambeaux en métal argenté.

91 — Escarcelle en satin blanc brodé à la che-
nille, fermoir en argent.

92 — Bouteille en verre oriental, à goulot à
renflement.

93 — Deux vases-brûle-parfums en spath fluor,
avec montures en bronze doré, de style
Louis XVI.

94 — Coffret, à trois compartiments, en laque
d'or du Japon, sur pied en bronze.

95 — Petite gouache rectangulaire de l'Ecole
française du xviiie siècle : Paysage et petits
personnages.

96 — Petite boîte ovale en or, à bordures cise-
lées en or ; sur le dessus, petit émail ovale :
Enfant et mouton.

97 — Eventail à monture d'ivoire ajouré, gravé, peint et doré, muni d'une feuille peinte à l'aquarelle : Diane et ses suivantes. xviiie siècle.

98 — Six petites gouaches rondes, à sujets dans le genre de D. Teniers. Cadres en bronze.

99 — Deux miniatures ovales : Portrait de jeune prince et jeune fille tenant un chien.

100 — Deux éventails et une petite gouache sur soie.

101 — Feuille enluminée et peinte à la gouache, du xvie siècle, représentant l'Adoration des Rois Mages, et une suite de 14 petites gravures composant un Chemin de Croix.

BRONZES, OBJETS VARIÉS

110 — Lanterne d'antichambre en bronze. Genre Louis XV.

111 — Petite pendule en bronze doré, de l'époque Empire, ornée d'une figure d'homme ailé jouant de la lyre.

112 — Lustre hollandais en cuivre, à dix-huit lumières.

113 — Cadre en bois sculpté doré. Époque Louis XIV.

MEUBLES ET SIÈGES

114 — Glace-trumeau en bois sculpté, peint gris, avec trophée de chasse. Époque Louis XVI.

115 — Glace, avec cadre en bois sculpté, peint et partiellement doré, à motif de feuillages et fleurs, avec parties ajourées, à fond de glace.

116 — Console d'applique, à deux pieds-volutes, en bois sculpté, peint et doré, à motif de feuillages, fleurs et rocailles. Dessus de marbre blanc encastré.

117 — Table, de forme rectangulaire et contournée, en bois sculpté peint et doré, à quatre pieds cambrés, ornementée de rocailles, feuillages et fleurs. Dessus de marbre encastré.

118 — Console-applique d'angle, à deux pieds, en bois doré.

119 — Commode Louis XIV en palissandre, ornements en bronze, ouvrant à quatre tiroirs. Dessus marbre Languedoc.

120 — Coiffeuse en bois de rose, chutes et sabots
en bronze. Style Louis XV.

121 — Chiffonnier, formant bureau, en bois de
rose et marqueterie de bois de couleur, ornements en bronze. Dessus en marbre et galerie
cuivre. Style Louis XVI.

122 — Meuble-bahut à hauteur d'appui, ouvrant
à deux portes, en bois de rose et marqueterie
de bois de couleur. Ornements en bronze.
Dessus en marbre. Style Louis XVI.

123 — Petit meuble, style Louis XVI, ouvrant à
une porte, reposant sur quatre pieds, à ta-
blette en marqueterie de bois de rose, ornements en bronze. Dessus de marbre brèche
d'Alep.

124 — Petite commode demi-lune en bois de
rose, ornements en bronze. Dessus de marbre. Style Louis XVI.

125 — Petite commode, style Louis XVI, ouvrant à trois tiroirs, en bois de rose et marqueterie, ornements en bronze. Dessus de
marbre.

126 — Petit bureau à dos d'âne en palissandre
et marqueterie de bois de couleur, ornements
en bronze. Style Louis XV.

127-128 — Deux armoires normandes, ouvrant
à une porte, en chêne sculpté.

129 — Petite console, dessus de marbre, sur-
montée d'une glace, avec gravure : l'Aveu
difficile. Bois laqué blanc. Style Louis XVI.

130 — Petit paravent, à trois feuilles laquées
blanc et garnies de soierie brochée ; le haut
à compartiments à glaces.

131 — Table à jeu, bois laqué blanc. Style
Louis XVI.

132 — Grand buffet normand, à deux corps, en
noyer sculpté ciré, ouvrant à quatre portes
pleines, avec ferrures. Époque Louis XV.

133 — Deux fauteuils en bois sculpté peint
blanc, couvert de velours vert. Époque
Louis XV.

134 — Canapé, style Louis XVI, en bois sculpté laqué blanc, garni en soierie brochée à fleurs fond rose.

135 — Fauteuil, d'époque Louis XIV, en noyer sculpté, garni en velours frappé saumon et bleu.